AF339540

DE LA DATION EN NANTISSEMENT

DES

FONDS DE COMMERCE

*Un fonds de Commerce
peut-il être donné en nantissement ?*

PAR

Armand PIGNOLET

AVOCAT

Extrait de la *REVUE DU NOTARIAT.*

PRIX : **0** fr. **75** centimes

PARIS

IMPRIMERIE ET LIBRAIRIE GÉNÉRALE DE JURISPRUDENCE

MARCHAL et BILLARD

IMPRIMEURS-ÉDITEURS, LIBRAIRES DE LA COUR DE CASSATION

Maison principale : Place Dauphine, 27
Succursale : Rue Soufflot, 7

1896

DE LA DATION EN NANTISSEMENT

DES

FONDS DE COMMERCE

*Un fonds de Commerce
peut-il être donné en nantissement ?*

PAR

Armand PIGNOLET

AVOCAT

EXTRAIT DE LA *REVUE DU NOTARIAT.*

PARIS

IMPRIMERIE ET LIBRAIRIE GÉNÉRALE DE JURISPRUDENCE

MARCHAL ET BILLARD

IMPRIMEURS-ÉDITEURS, LIBRAIRES DE LA COUR DE CASSATION

Maison principale: Place Dauphine, 27
Succursale: Rue Soufflot, 7

1896

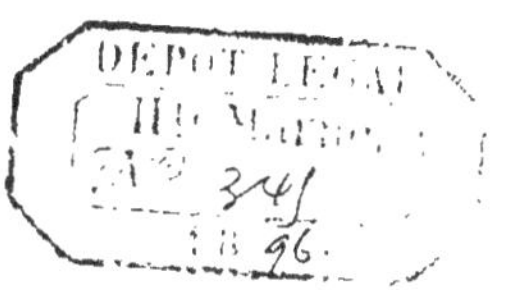

DE LA DATION EN NANTISSEMENT

DES

FONDS DE COMMERCE

**Un fonds de commerce peut-il être donné
en nantissement ?**

Cette question, qui intéresse vivement les notaires, vient d'être résolue, dans le sens de l'affirmative, par un arrêt rendu par la 3e chambre de la Cour de Paris, le 4 janvier 1896. Malgré l'incontestable autorité qui s'attache aux décisions de la plus importante de nos Cours d'appel, il est permis de penser, sans trop de témérité, que cet arrêt, dont on trouvera le texte plus loin, n'est pas de nature à mettre un terme à la grave discussion qui s'est élevée relativement au nantissement des fonds de commerce. Il ne désarmera pas les adversaires de la validité qu'il consacre, et ceux-ci continueront d'opposer à la doctrine du nantissement, les objections les plus sérieuses. Au surplus, cet arrêt n'apporte aucune lumière nouvelle dans le débat. Il réitère une fois de plus les arguments déjà connus, il énumère à nouveau les raisons qui ont déjà motivé les arrêts antérieurs, et, après lui comme avant, on peut dire que le litige est toujours en suspens.

Les lignes qui vont suivre sont consacrées à l'étude de cette discussion qui présente aujourd'hui un caractère d'actualité.

Après avoir rappelé succinctement les principes généraux qui régissent le nantissement, nous examinerons les systèmes opposés, et nous étudierons les conséquences des mesures proposées pour mettre fin au conflit.

I. *Principes généraux.*

La dation en nantissement d'une chose mobilière, ou *gage*, ne confère au créancier un privilège sur cet objet qu'aux conditions suivantes :

S'il s'agit d'un meuble corporel, l'art. 2074 C. civ. exige la rédaction d'un acte en matière excédant la valeur de 150 fr. ;

S'il s'agit d'un meuble incorporel, l'art. 2075 C. civ. prescrit, outre la rédaction d'un acte, sa signification au débiteur.

Mais, *dans tous les cas*, le privilège ne subsiste qu'autant que le créancier est *mis en possession* du gage.

Le dessaisissement du débiteur est donc une des conditions es-sentielles du gage ; il est énergiquement réclamé par l'art. 2076 C. civ., reproduit mot pour mot au paragraphe 1er de l'art. 92 C. comm.

Un fonds de commerce est-il susceptible d'être donné en nantissement ?

C'est seulement en 1881 que la question se pose : les articles que nous venons de citer existaient depuis trois quarts de siècle, lorsqu'on s'avisa d'en faire l'application tardive aux fonds de commerce, et sans vouloir exciper d'un aussi long délai comme d'un argument, il est permis de remarquer que les partisans du nantissement ne peuvent pas, tout au moins, s'autoriser de son ancienneté.

II. Etude des systèmes.

Pour légitimer la dation en nantissement du fonds de commerce, on commence par en déterminer la nature, et l'on en décompose les éléments ; on en donne l'énumération suivante :

1° L'enseigne et l'achalandage ;

2° Le droit au bail ;

3° Le matériel et les marchandises (1).

Il faut maintenant soumettre ces divers éléments aux formalités prescrites par la loi.

Rien n'est plus simple quant à la rédaction d'un acte et sa signification au bailleur ; mais comment accomplir la remise du fonds entre les mains du créancier gagiste ? comment opérer le dessaisissement du débiteur ?

On se heurte alors à une telle difficulté qu'on a pour la vaincre imaginé la fiction suivante :

On décompose le fonds de commerce ; on déclare arbitrairement que le droit au bail en constitue la « partie essentielle » et que le matériel n'est qu'un élément accessoire, un instrument de son exploitation ; comme il est possible d'opérer la tradition effective du bail et la signification de l'acte de nantissement au

---

(1) D'autres ajoutent : les créances. Cet actif fait, sans doute, partie du patrimoine de l'individu ; mais nous ne comprenons pas pourquoi on le considérerait comme partie intégrante de son fonds de commerce.

propriétaire de l'immeuble, il ne reste plus qu'à appliquer l'adage
« *accessorium sequitur principale* » et la loi est appliquée exac-
tement.

Ce système a été consacré par la Cour de Grenoble (arrêt du
16 avril 1886 ; *Rev. Not.*, n° 7448 ; S. 88, I, 302) et, sur pourvoi, la
Cour de cassation a cru devoir lui prêter l'appui de sa haute autorité.

Cet arrêt a une telle importance en la matière qu'il doit être
reproduit textuellement :

LA COUR : — Sur le moyen unique pris de la violation et fausse
application des art. 2075, 2076, 2102 C. civ., 91, 92 C. comm. :

Attendu que, par acte notarié du 27 décembre 1881, les époux Robin ont, pour sûreté d'un prêt de 40.000 fr. donné en nantissement
à Poydenot le fonds de commerce désigné sous le nom de « Splendide
Hôtel » par eux exploité à Cannes, et comprenant la clientele et
l'achalandage, le droit au bail de l'immeuble, le mobilier et le matériel servant à l'exploitation ;

Attendu que ledit fonds de commerce constituait ainsi une universalité juridique composée d'éléments divers dont les uns, le matériel
et le mobilier, étaient des meubles corporels, et dont les autres, le
titre, l'achalandage et le droit au bail, avaient le caractère de meubles incorporels ;

*Attendu que la partie essentielle d'un fonds de commerce de cette na-
ture est l'enseigne, l'achalandage et le droit au bail ; que ce sont prin-
cipalement ces éléments qui le constituent ; et que le mobilier proprement
dit n'est qu'un instrument de son exploitation ;*

Attendu, d'ailleurs, que l'arrêt attaqué déclare que, *dans l'espèce*,
rien ne permet d'attribuer au mobilier et au matériel une valeur supérieure à celle des autres éléments du fonds de commerce, objet du
nantissement ; qu'en jugeant dans ces circonstances que ledit fonds
de commerce, pris dans son ensemble, était un meuble incorporel,
la Cour de Grenoble n'a violé aucune loi ;

*Attendu que, lorsque la chose donnée en gage est incorporelle, pour
opérer la constitution du nantissement et la création du privilège, il faut,
mais il suffit : 1° que le créancier gagiste ait signifié l'acte de nantissement
au débiteur de la chose engagée ; 2° que celui qui constitue le gage ait
remis au créancier gagiste le titre établissant son droit sur la chose engagée ; que, dans ce cas, en effet, la tradition matérielle étant impossible,
la mise et le maintien en possession du gage, exigés par l'article 2076, ré-
sultent de la remise et de la détention du titre aux mains du créancier ;*

Attendu que, lorsque ce titre est un acte authentique, ce serait
ajouter à la loi que d'exiger la remise de la grosse ; que la remise d'une

expédition suffit pour opérer le dessaisissement du débiteur et l'investissement du créancier et satisfait aux prescriptions légales (1);

Attendu qu'il est constaté par l'arrêt attaqué que les époux Robin ont remis à Poydenot, au moment même où le nantissement était par eux consenti, une expédition de l'acte notarié établissant leur droit sur le fonds de commerce du Splendide-Hôtel, et que Poydenot a, par exploit du 27 janvier 1882, fait signifier l'acte de nantissement au propriétaire de l'immeuble ;

D'où il suit que l'arrêt attaqué, en déclarant que, dans l'espèce, le nantissement était régulier et devait produire tous ses effets légaux, n'a fait qu'une exacte application de la loi :

Rejette.

(Req., 13 mars 1888, *Rev. Not.*, n° 7831; S. 88, I, 302 ; *Gaz. Pal.*, 88, I, 649).

Les tribunaux civils et les Cours d'appel se sont respectueusement soumis à cette jurisprudence (Trib. civ. Seine, 24 juin 1892, *Gaz. Pal.*, 92, II, 461 ; Paris, 21 juillet 1892, *Rev. Not.*, n° 8777, *Gaz. Pal.*, 92, II, 250 ; Trib. civ. Seine, 13 novembre 1894, *Gaz. Pal.*, 95, I, 159 ; *Id.*, 15 janvier 1895, *Gaz. Pal.*, 95, I, 388 ; Paris, 26 février 1895, *Gaz. Pal.*, 95, I, 392 ; Lyon, 14 mars 1895, *Gaz. Pal.*, 95, II, 315 ; Cf. Trib. com. Seine, 5 juin 1891, *Gaz. Pal.*, 91, II, 34). Enfin un récent arrêt, de la troisième Chambre de la Cour de Paris (4 janvier 1896), mentionné en tête de cette étude, s'est également prononcé dans le sens de la validité du nantissement ; il est conçu en ces termes :

LA COUR : — .....Considérant que, suivant acte sous signatures privées, en date du 30 juin 1893, enregistré, les époux Kuntz, marchands de vins-traiteurs à Paris, se sont reconnus débiteurs de 16,198 fr. envers Ligneau frères et Hartmann, et pour assurer à ceux-ci le paiement de ladite somme, leur ont cédé et transporté à titre de gage en nantissement :

1° Le fonds de commerce par eux exploité, boulevard Bourdon, n° 35, y compris le matériel et les marchandises le garnissant ;

2° Leur droit au bail des lieux où s'exerçait leur commerce ;

3° La somme de 1,500 fr. par eux payée d'avance à Leroux, propriétaire de ces lieux ;

Qu'aux termes dudit acte signifié à Leroux par exploit du 21 juillet

---

(1) La Cour prend soin de nous dire que la remise de la grosse n'est pas nécessaire, et que la remise d'une expédition *suffit*. Croit-on que le débiteur (c'est-à-dire le locataire) pouvait remettre autre chose qu'une expédition, puisque la grosse est toujours entre les mains du bailleur ?

1893, le nantissement consenti à Ligneau frères et à Hartmann a porté, non sur le fonds de commerce des époux Kuntz et sur le matériel et les marchandises considérés isolément, mais sur tous ces objets réunis et confondus en une seule et même universalité ;

Qu'une telle convention n'est contraire ni à la loi, ni à l'ordre public et doit, par conséquent, recevoir son entière exécution, lorsqu'elle est accompagnée des formalités propres à la rendre opposable aux tiers ;

Que le caractère juridique d'une universalité de fait ainsi créée par la volonté des parties ne peut être autre que celui de son élément principal et essentiel ;

Que, *dans l'espèce,* cet élément a consisté dans le fonds de commerce dont le matériel et les marchandises n'étaient que l'accessoire, et se sont confondus avec lui, dans un ensemble de nature mobilière et incorporelle ;

Qu'il en doit, d'autant mieux, être ainsi que la valeur pécuniaire du fonds de commerce des époux Kuntz était de beaucoup supérieure à celle du matériel, de l'agencement, et des marchandises servant à son exploitation ;

Qu'il résulte des dispositions des art. 1689, 1690, 2075 C. civ., et 91 § 4 C. comm., que le principe d'après lequel le privilège ne subsiste sur le gage qu'autant que le gage a été mis et est resté en la possession du créancier ou d'un tiers convenu entre les parties, reçoit son exécution en ce qui concerne les meubles incorporels par la remise du titre constitutif du droit donné en gage, et par la signification du contrat de nantissement au débiteur, lorsque ce droit consiste en une créance ;

Que Ligneau frères et Hartmann ont donc été saisis de leur gage, tant à l'égard des tiers qu'à l'égard des époux Kuntz par l'accomplissement de ces formalités ;

Que, par suite, c'est à bon droit qu'Ozouf devenu l'acquéreur du fonds de commerce des époux Kuntz et de ses accessoires, a considéré Ligneau frères et Hartmann comme ayant un privilège et un droit de préférence sur Boulé, simple créancier chirographaire des époux Kuntz, et leur a soldé le montant intégral de leur créance au détriment de ce dernier ;

Qu'il n'est pas exact de dire que Ligneau frères et Hartmann s'étaient dessaisis de leur gage, lorsqu'ils ont reçu leur paiement des mains d'Ozouf ;

Qu'ils sont restés jusqu'au dernier moment nantis des titres constitutifs de leurs droits, et ne les ont remis à Ozouf, que contre le remboursement de la somme à eux due par les époux Kuntz ;

Par ces motifs, met l'appellation et ce dont est appel à néant ;

Emendant, décharge les appelants des dispositions et condamnations contre eux prononcées ;

Et faisant droit par décision nouvelle ;

Dit Boulé mal fondé dans toutes ses demandes, fins et conclusions tant principales que subsidiaires au regard d'Ozouf, comme au regard de Ligneau frères, et de Hartmann, les en déboute...

Les tribunaux de commerce, au contraire, justement émus des conséquences funestes pour le crédit public de cette jurisprudence trop facile, se refusent énergiquement à l'admettre, et le conflit aujourd'hui est à l'état aigu.

Nous estimons avec ces derniers qu'un fonds de commerce n'est pas susceptible d'être donné en nantissement.

1° Et d'abord, est-il permis de décomposer, et pour ainsi dire, de hacher une semblable universalité juridique, d'en séparer les éléments et d'attribuer à tel d'entre eux une importance qu'on refuse à tel autre ?

On pose en principe que le droit au bail est la partie essentielle du fonds, et que le matériel n'est que l'accessoire. Quiconque sera d'un avis opposé, affirmera avec autant de raison que le matériel est la partie essentielle et le droit au bail l'accessoire. Une affirmation vaut l'autre ; nous voulons dire que toutes deux sont aussi inexactes l'une que l'autre.

2° Le principe de la division une fois admis, on prétend que la « *tradition matérielle étant impossible*, la mise et le maintien en possession du gage exigés par l'article 2076 *résulteront* de la remise et de la détention du titre aux mains du créancier ».

Or, il est de principe que les privilèges ne peuvent résulter dans notre droit que d'un texte formel, soumis à une interprétation restrictive. Et l'on voudrait, dans l'espèce, que le privilège du créancier gagiste résultât d'une fiction juridique, d'une tradition symbolique ? Alors surtout que deux textes, l'art. 2076 C. civ. et l'art. 92 C. comm. exigent *formellement* une mainmise physique, un dessaisissement réel ! alors surtout que le matériel et les marchandises, le seul actif qui apparaisse aux yeux des tiers, restent en la possession du débiteur ! une telle fiction est la source d'une contradiction entre ce qui est et ce que le public voit, et crée, par suite, un perpétuel mensonge. De là, les insurmontables difficultés que la pratique a fait éclore. Les rédacteurs du Code civil les avaient-ils prévues ?

Toujours est-il que les travaux préparatoires nous révèlent clairement leurs préoccupations à cet égard. Dans la séance du 22 ventôse an XII, le conseiller d'État Berlier, faisant au corps législatif l'exposé des motifs qui avaient inspiré la rédaction de l'article 2076 C. civ. s'exprimait en ces termes : « Ainsi la *mise effective* du créancier en possession de la chose appartenant à son débiteur *est de l'essence de ce contrat* » (*Recueil des lois*, vol. 8, p. 259).

Il faut croire que depuis cette époque, la notion du gage a complètement changé.

3° En outre, le matériel se détériore lentement par l'usage ; il doit être peu à peu complètement renouvelé. Le gage porterait donc sur des objets qui n'existaient pas au moment où il a été constitué ?

4° Enfin, ce matériel, il dépend du débiteur de le vendre, puisqu'il en conserve la possession ; si pareil fait s'accomplit, le créancier apprendra à ses dépens combien fragile était son gage, et combien la tradition en était symbolique. Il trouvera pénible, voulant être payé, de se trouver simplement en face d'une abstraction.

Le bail lui-même, dont on fait si grand bruit, il dépend de ce même débiteur de l'anéantir par le défaut de paiement des loyers. Le propriétaire impayé demandera la résiliation, et fera saisir tous les objets qui garnissent le fonds. Car lui aussi est créancier privilégié ; le matériel et les marchandises qui garnissent les lieux loués constituent son gage, et il a sur le prétendu créancier nanti l'avantage d'être vraiment et non fictivement en possession. Le propriétaire fera ordonner la vente, et en absorbera le prix aux yeux du créancier gagiste, étonné de se voir ainsi conduit dans le domaine de la fiction au delà de ce qu'il espérait.

5° Le gage confère au créancier, à défaut de paiement, le droit de disposition avec l'autorisation de justice (article 2078) et le droit de rétention (article 2082).

Mais comme il faut que le créancier soit « saisi » et qu'en matière de nantissement de fonds de commerce, il ne l'est pas, voilà deux dispositions qui, dans notre cas, devront rester lettre morte. On ne peut retenir que ce qu'on possède ; on ne peut se faire autoriser à vendre que ce qu'on est dans la possibilité de livrer. Nous nous trouvons donc en présence d'un gage dépourvu des attributs essentiels du gage : mieux vaut dire qu'il n'existe pas.

6° On déclare arbitrairement que le droit au bail est la partie essentielle du fonds de commerce. Mais cette valeur est essentiellement variable ; elle diminue chaque jour par le seul fait de l'écoulement du temps ; elle arrive même à être nulle, lorsque le bail est sur le point d'atteindre le terme fixé pour sa durée. A cette époque, le gage a donc disparu par la force même des choses.

7º Enfin, un industriel peut exploiter son fonds de commerce dans un immeuble dont il est propriétaire, et, dans ce cas, il n'y a pas de bail. Il n'y aura donc pas, dès lors, de nantissement possible ?

Sans doute, on pourrait citer des exemples de commerce dont la valeur provient en grande partie de la situation des locaux où il est exploité ; mais on pourrait multiplier également les exemples de fonds de commerce dont l'achalandage constitue toute l'importance, d'autres qui empruntent leur prestige à la renommée de l'enseigne, d'autres pour qui toute la valeur consiste dans un matériel perfectionné, d'autres enfin qui ne doivent leur succès qu'à la qualité exceptionnelle des marchandises.

Pour ceux-là, il n'y aura donc pas de nantissement possible ?

En résumé, le fonds de commerce doit être considéré comme un bloc, dont tous les éléments sont étroitement liés. On ne peut affirmer que telle partie l'emporte en importance sur telle autre : c'est une universalité juridique d'une nature particulière, composée à la fois d'objets corporels et de droits incorporels. Comme le dessaisissement prescrit par la loi est impossible à son égard, nous en concluons que les conditions d'existence du gage ne peuvent être remplies par un fonds de commerce, et que, par suite, celui-ci ne peut pas être donné en nantissement.

Il importe, dit-on, que tout individu puisse se servir d'une fraction de son patrimoine comme d'un instrument de crédit. Aussi a-t-on voulu, même au prix d'une fiction, qu'un fonds de commerce pût être affecté à la garantie d'une obligation.

Encore faut-il que cette garantie soit possible ? Or, nous croyons avoir démontré que, dans l'espèce, elle ne l'est pas. Il est facile de s'en convaincre par un exemple : un commerçant donne son fonds en nantissement à l'un de ses créanciers ; ce dernier s'empare du bail, fait rédiger un acte en bonne forme, et en fait la signification au bailleur. Le voilà nanti : de quoi ? de rien. En effet, le commerce continue, et les années s'écoulent ; le bail arrive à expiration ; le commerçant vend ses marchandises, puis son matériel, et disparaît. Il n'y a plus ni bail, ni outillage, ni enseigne, ni clientèle. Où est le fonds de commerce ? Disparu, évanoui. Pourrait-on dire alors de quoi le créancier est nanti ? Il est simplement nanti de quelques feuilles de papier s'appliquant à un passé disparu ; il n'a plus qu'un droit : méditer à loisir sur la fiction inventée par la jurisprudence en contemplant une maison vide. La créance du prêteur complaisant cessera d'être symbolique : elle sera perdue.

« Donner et retenir ne vaut », disait-on autrefois. C'était, paraît-il, à une époque où l'on n'avait qu'un peu de bon sens. Avec le gage d'un fonds de commerce, nous donnons à cet adage un éclatant démenti, et l'on espère bien prouver, d'ici peu, que le meilleur moyen de donner un objet, c'est encore de le garder.

III. *Conséquences pratiques.*

Est-il besoin d'insister sur les conséquences désastreuses que cette singulière combinaison entraîne pour le crédit public dont on prétend servir les intérêts ?

Un fonds de commerce est donné fictivement en gage, le nantissement ne pouvant être que fictif (et même, quant à présent, occulte) ; il est, en réalité, entre les mains du débiteur, qui continue à s'en servir pour obtenir crédit.

Rien n'indique aux tiers un changement de situation, et il leur est impossible de savoir quel crédit il convient d'accorder au débiteur. Ils n'ont aucune sauvegarde contre une fraude que nous voulons bien croire rare, mais qui est néanmoins possible (1).

En cas de vente du fonds, et à défaut d'autres créanciers privilégiés, le créancier gagiste absorbe le prix, et les créanciers chirographaires sont lésés. La perte subie par ces derniers est d'une injustice d'autant plus criante que le créancier gagiste est désintéressé, pour partie avec le produit de la vente de marchandises fournies par eux *postérieurement au nantissement*. Ils procurent au débiteur des ressources qui sont, à leur insu, destinées à un tiers qu'ils ne connaissent pas et qu'il leur est impossible de connaître !

Sans doute, le créancier nanti profite aujourd'hui d'une situation exceptionnelle ; mais demain, pour tout autre fonds, un autre nantissement peut lui être opposé. Il perd d'un côté ce dont il profite de l'autre, et, tout compte fait, on ne voit pas ce qu'il gagne à infliger aux autres créanciers une déception qu'il est appelé lui-même à subir un jour ou l'autre. L'intérêt bien en-

---

(1) La fraude, en cette matière, est tellement possible, et même tellement facile, qu'on a vu un commerçant donner en nantissement le même fonds plusieurs fois de suite.

tendu de tous les commerçants leur commande donc de renoncer à un procédé qui installe la méfiance à la source de toutes les opérations commerciales, et qui livre au hasard le succès des transactions.

Peut-on conseiller à un fournisseur de n'opérer une livraison qu'après s'être fait représenter le bail (s'il y en a un) et s'être ainsi assuré qu'aucun nantissement n'a été constitué ?

Mais si le bail est notarié, on en peut produire un nombre indéfini d'expéditions, et la production ne prouvera rien. On arrive même à cette étrange constatation, car tout est étrange en cette matière, qu'un bail sous seing privé est, dans ce cas, préférable au bail notarié ; c'est, en effet, le seul qui fournisse une garantie suffisante, car le débiteur ne peut en produire qu'un exemplaire. La Cour d'appel de Lyon (2e chambre) va même jusqu'à déclarer (14 mars 1895, *Gaz. Pal.*, 95, II, 315), que la remise du bail n'est pas nécessaire, et que la signification du nantissement au propriétaire suffit :

Considérant que *la remise spéciale de l'acte de bail n'était pas plus nécessaire pour la validité du droit de gage général que la tradition matérielle des marchandises*, servant à l'exploitation du fonds de commerce etc.

Si cette jurisprudence venait à prévaloir, on irait jusqu'à faire avec désinvolture le sacrifice des apparences ; il n'y aurait pas même de tradition fictive, et la constitution d'un nantissement ne serait bientôt plus qu'une amère dérision.

Le fonds de commerce est tellement rebelle, par sa nature même, à la pratique du gage, que les tribunaux consulaires s'insurgent systématiquement contre la jurisprudence de la Cour de cassation.

(Voy. outre Trib. com. Grenoble, 7 août 1885, *Rev. Not.*, no 7448; Trib. com. Seine, 9 janvier 1892, *Gaz. Pal.*, 92,I,327 ; *Id.*, 24 août 1893, *Gaz. Pal.*, 93,II,347 ; Trib. com. St-Etienne, 10 janvier 1894 (Jugement très fortement motivé), *Gaz. Pal.*, 94,I,152 ; Trib. comm. Seine, 4 août 1894; *Id.*, 13 décembre 1894, *Gaz. Pal.*, 95,I,67 ; *Id.*, 26 février 1895, *Gaz. Pal.*, 95,I,515; *Id.*, 16 août 1895, *Gaz. Pal.*, 95, II, 348 ; *Id.*, 21 novembre 1895, *Gaz. Pal.*, 96,I,194 ; *Id.*, 18 janvier 1896, *Gaz. Pal.*, 96,I,258 ; *Id.*, 6 mars 1896, *Gaz. Pal.*, no 30 avril 1896).

Parmi les nombreux jugements consacrant cette solution, nous croyons devoir reproduire celui du tribunal de commerce de la Seine, du 21 novembre 1895, qui, par la clarté de l'exposition, par la précision de ses termes, et la force de son argumentation, constitue le type des jugements de ce genre :

..... Sur la validité du nantissement consenti par Veuve Barbot à Astier frères et Cie et à Sabot :

Attendu que, tant Astier frères et Cie que Sabot, soutiennent que le nantissement qui leur a été consenti par Mme Vve Barbot serait régulier, aussi bien en raison de sa nature que de l'observation des prescriptions de la loi en matière de gage, et que les prétentions de Malle ès-qualité, ainsi que celles des créanciers intervenants, devraient être repoussées ; que de l'exposé qui précède, il appert que le nantissement dont s'agit avait pour objet le fonds de commerce de Vve Barbot ; que les défendeurs ont fait plaider que le nantissement d'un fonds de commerce s'opérait suffisamment par la remise au créancier nanti de l'acte de vente et du bail des lieux où ce fonds est exploité, et par la signification de l'acte de nantissement au bailleur, en conformité des art. 2074 et 2075 C. civ., sans qu'il soit nécessaire que le créancier soit mis en possession effective des lieux loués ;

Mais attendu que le nantissement est un privilège constitué par le débiteur à son créancier et que les privilèges sont de droit étroit ; que les dispositions légales qui régissent le gage ne sont pas énonciatives, mais limitatives et impératives ; que les art. 2074 et 2075 C. civ., dont excipent les défendeurs, prescrivent les actes nécessaires à la constitution du gage et que l'article 2076 dispose expressément que « dans tous les cas, le privilège ne subsiste sur le gage qu'autant que ce gage a été mis et est resté en la possession du créancier ou d'un tiers convenu » ;

Attendu que la loi de 1863, en simplifiant les formalités nécessaires à la constitution du gage commercial, a maintenu sans altération les principes qui sont l'essence même de la constitution de ce privilège, principes qui subsistent dans la nouvelle rédaction des art. 2071 à 2084 C. civ., que la préoccupation du législateur a été manifestement d'empêcher les fraudes auxquelles pourraient donner lieu la constitution du gage et la soustraction par le débiteur de partie de ses biens dont il pourrait se servir pour avantager l'un ou plusieurs de ses créanciers au détriment des autres ; que les créanciers d'un commerçant ne font pas seulement confiance à sa personne, mais à ses biens, gage apparent de leurs créances et consistant dans le fonds de commerce de leur débiteur, ainsi que dans le matériel ou les marchandises qui le garnissent ; que la question qui se pose tout d'abord dans le litige actuel et qu'il convient d'examiner est de savoir si un fonds de commerce peut faire l'objet d'un nantissement ;

Attendu qu'un fonds de commerce est une chose complexe qui se compose de divers éléments, lesquels tous concourent à le constituer et à lui donner sa valeur ; que, d'une manière générale, on peut dire que le fonds de commerce, en dehors du matériel et des marchandises le garnissant, se compose : du nom commercial et de la notoriété qui s'y rattache, de l'enseigne, de la clientèle et achalandage, du droit au bail, de l'usage des marques de fabrique, s'il en existe, de la dénomination des produits principaux, propriété de la maison en raison de l'antériorité, des dénominations autres que l'enseigne, mais inséparables de la notoriété acquise ; que l'un de ces éléments pourra, dans une espèce particulière, en former la valeur principale, mais non la valeur unique, car autrement il n'existerait pas de fonds de commerce, mais un droit quelconque qui, au lieu d'être partie d'un tout, serait le tout lui-même ; qu'ainsi, si, dans une espèce, il était établi que la valeur du soi-disant fonds de commerce ne réside uniquement que dans la jouissance d'un bail d'une certaine durée à un prix avantageux, se rapportant à des lieux particulièrement bien situés, il n'y aurait pas, le cas échéant, « vente d'un fonds de commerce » mais simplement cession d'un bail ; qu'il en serait de même si l'établissement n'avait d'autre valeur que celle de l'enseigne, et que, le cas échéant, il y aurait cession de l'usage de l'enseigne et non vente d'un fonds de commerce ;

Attendu que le droit au bail ne représente que la jouissance des lieux, subordonnée à l'exercice des droits du propriétaire qui peut aller jusqu'à l'expulsion en cas de non-paiement des loyers; que la clientèle et l'achalandage s'acquièrent et se conservent au moyen de la notoriété du commerçant acquise par son expérience, ses talents, sa probité, non moins que par l'excellence de ses produits ; que l'enseigne nominale ou emblématique liée à cette notoriété est le pavillon qui couvre la marchandise, concourt à empêcher la confusion avec d'autres établissements, comme la désignation spéciale de certains produits éloigne cette confusion avec les produits similaires ;

Attendu que, admettant pour un instant que le droit au bail soit susceptible d'être l'objet d'un nantissement, il faudrait que le gage soit strictement limité à ce droit lui-même, car le propriétaire, qui a consenti le bail et auquel le nantissement serait signifié, n'a aucun droit de privilège, en sa qualité de créancier éventuel, sur les éléments qui composent le fonds de commerce autres que les marchandises, le matériel et les objets mobiliers ; que ce privilège ne frappe pas les droits incorporels du commerçant ; que si c'est en sa qualité de créancier privilégié sur les objets mobiliers qui garnissent les lieux que le nantissement lui sera signifié, cette signification devra être portée à la connaissance de tous les autres créanciers du commerçant resté en possession de l'usage des lieux loués, car ces créanciers, s'ils n'ignorent pas le privilège du propriétaire, ne sauraient se voir plus tard opposer un autre privilège, dont la constitution aurait eu lieu à leur insu et sans que rien ait pu leur en révéler l'existence ; que, de la constitution d'un tel nantissement, il pourrait résulter pour le créancier gagiste cette situation que son gage, réputé remis entre ses mains, serait anéanti par le propriétaire, survenant l'expulsion du locataire faute de paiement des loyers ; qu'en fait, il y aurait eu en réalité dation d'une garantie plus ou moins analogue à un privilège de deuxième ordre, soumis à l'exercice du privilège de premier ordre, mais il n'y aurait pas de constitution de nantissement, aux termes de la loi, sur un gage qui ne serait jamais entré en la possession réelle du créancier ;

Attendu que si le droit au bail ne saurait constituer pour le créancier qu'un gage précaire et insuffisant, *même si le nantissement est accompagné de la publicité nécessaire*, il faut reconnaître que le gage ne saurait avoir pour objet le nom commercial et la notoriété du commerçant qui, bien plus que le droit au bail, sont les éléments essentiels du fonds de commerce, et ne sauraient être atteints par des mesures qui ne frappent que des objets mobiliers, des titres ou des créances ; qu'inséparables de la clientèle et de l'achalandage, le nom commercial et la notoriété du commerçant suivent ce commerçant dans les lieux nouveaux où il lui convient de se transporter pour sa seule convenance, et que ces éléments principaux du fonds de commerce échappent au privilège du propriétaire si le changement de domicile a lieu en cours de bail ; qu'il est impossible de comprendre la continuation de l'industrie par le commerçant dessaisi de tout ce qui constitue son fonds de commerce, privé de l'usage de son nom commercial, de l'enseigne, des marques de fabrique et des désignations génériques des produits, et que cet usage, nécessairement continu et ininterrompu par le commerçant débiteur, est incompatible avec l'observation de la loi en matière de gage, le nantissement eût-il pour objet des droits incorporels ;

Attendu, dès lors, qu'il apparaît à l'évidence que si le dessaisissement ne peut avoir lieu pour le nom commercial et la notoriété génératrice de la clientèle et de l'achalandage qu'autant que le débiteur cesse le commerce, c'est que le commerçant ne peut disposer que par la cession des éléments essentiels de son fonds de commerce ; que si, dans des espèces particulières et dans des conditions déterminées, le débiteur pourra donner en garantie à son créancier son droit au bail, droit limité à l'usage des lieux loués, il ne saurait lui donner en gage son fonds de commerce, et qu'il peut seulement, avec la publicité nécessaire, en faire l'objet d'une vente à réméré, sinon d'une cession pure et simple ; que la constitution d'un nantissement qui dessaisit le débiteur sans le dépouiller de la propriété ne pourra s'opérer, aux termes formels de la loi, que par la transmission réelle au créancier, jusqu'au paiement de la dette, de la chose donnée en gage ;

. Attendu qu'il vient d'être démontré que cette chose ne saurait être formée des éléments *in globo* qui constituent le fonds de commerce : qu'un tel gage, constitué contrairement aux prescriptions impératives de la loi, est nul en soi et inexistant au regard des tiers ; que, ceci établi, il est sans intérêt de rechercher si les formalités prescrites en matière de gage ont été ou non remplies en l'espèce dès lors que le prétendu gage dont il est excipé est nul en raison de son objet ; etc.

Par ces motifs, déclare nul et de nul effet, en raison de son objet, le nantissement consenti par la dame veuve Barbot à Astier frères et à Sabot, le 3 septembre 1891 ; etc.

Ces arguments sont tellement puissants qu'il a bien fallu leur opposer une réfutation minutieuse, et rechercher sinon un remède, du moins un palliatif aux désastreuses conséquences qu'ils révélaient avec énergie.

L'effort a été tenté, d'une part, sur la validité juridique de cette sorte de gage, et, d'autre part, sur les mesures législatives nouvelles que cette transaction nécessitait notamment au point de vue de la publicité.

IV. *Moyens proposés*

1° *Sur la validité actuelle du nantissement.*

La question de validité du nantissement des fonds de commerce a fait récemment l'objet d'une étude très sérieuse, très approfondie, et qui fait le plus grand honneur à ses auteurs (1).

Nous avons le regret de ne pas en accepter les conclusions.

MM. Magnier et Pruvost partent de ce principe que « la cause de tous les embarras auxquels donne lieu la question du nantissement » (n. 11), c'est « cet axiome adopté par la jurisprudence des Cours qu'un fonds de commerce est une universalité homogène *susceptible de se qualifier d'après le caractère du plus important des éléments qui la composent* » (n. 21). Puis, ils reconnaissent qu'un « fonds de commerce constitue bien dans son ensemble une chose homogène » (n. 30), mais « que c'est une universalité *complexe*, et qu'il n'est pas possible de ne lui attribuer *qu'une seule nature* » (n. 31).

On ne saurait mieux dire. Mais ces auteurs ne pouvant admettre le système de la jurisprudence des Cours, se refusent également ment à conclure à l'impossibilité du gage d'un fonds.

Ils proposent une solution intermédiaire, sorte de transaction

---

(1) *Du nantissement constitué sur les fonds de commerce*, par J. B. Magnier et Octave Pruvost, avocats à la Cour d'appel. (Paris, Chevalier-Marescq et Cie, 1895.)

entre la validité consacrée par la Cour de cassation, et la nullité radicale que nous croyons seule exacte.

Il faudrait rechercher si, en fait, *pour chaque espèce*, l'élément qui représente *la valeur dominante* du fonds est l'élément incorporel ou l'élément matériel. Dans le premier cas, le fonds tout entier pourra être déclaré chose incorporelle, et la tradition symbolique suffira pour rendre le nantissement valable. Dans le second cas, le nantissement devra être annulé. « *Il y aura partout une question d'espèce* » (Voy. n. 15, 23, 24 et 33).

Certes, au point de vue théorique et logique une telle distinction semble légitime, et, pour la défendre, on relève adroitement dans l'arrêt de la Cour de cassation ci-dessus rapporté, certaines particularités qui semblent l'autoriser.

L'arrêt déclare notamment : « Attendu que la partie essentielle d'un fonds de commerce *de cette nature* ....Attendu, d'ailleurs, que l'arrêt attaqué déclare que, *dans l'espèce*, ... D'où il suit que l'arrêt attaqué, en déclarant, que, *dans l'espèce* .... »

On pourrait même invoquer une décision du tribunal civil de la Seine, du 15 janvier 1895 (*Gaz. Pal.*, 95. I. 388) qui consacre ce système de la façon la plus formelle.

Nous ne pensons pas qu'une semblable théorie puisse être admise. Et d'abord, comme la plupart des solutions intermédiaires cherchant à ménager les systèmes opposés, elle ne réussit qu'à accumuler les objections qui s'adressent à chacun d'eux. Comme elle admet notamment le principe d'une tradition fictive, elle subit toutes les objections que nous avons rappelées ci-dessus, et sur lesquelles nous ne reviendrons pas.

En outre, le pouvoir de déterminer la valeur dominante du fonds est absolument abandonné à l'arbitraire du juge. Comment établira-t-on la proportion des différentes valeurs dont se compose le fonds ? A quel moment un de ses éléments prend-il une valeur dominante ? Cette importance prépondérante, où commence-t-elle ? où finit-elle ? où est la limite ?

Enfin qu'il nous soit permis de faire remarquer combien une telle solution est anti-juridique ; Voici un acte de nantissement : Est-il nul ? Est-il valable ? Attendons pour le savoir, que le tribunal ait pris la peine de nous le dire. On ne sera fixé sur le sort d'un acte que lorsque la justice se sera spécialement prononcée à son égard. Théorie réjouissante pour les seuls mortels voués à la procédure.

Il y a là un véritable bouleversement des principes du droit, et il est trop clair, que si le nantissement contient *nécessairement* le germe d'un procès, il est, dans la pratique, condamné à disparaître.

2° *Système de publicité.*

Comme le fonds de commerce répugne, par sa nature même, à la constitution du gage, on s'est imaginé que le législateur pourrait décréter l'impossible, et qu'un système de publicité allait rendre le nantissement pratique.

C'est toujours la même superstition du texte ; c'est l'éternelle erreur sur l'efficacité des lois. Il n'y a là rien qui puisse surprendre : la réglementation compliquée est l'expédient d'une institution vermoulue et le signe qu'elle l'est.

Il serait toutefois injuste de ne pas rendre hommage aux sentiments qui ont inspiré la proposition de loi présentée à la Chambre par M. Millerand, député, le 18 mai 1895. L'auteur poursuit un but louable, lorsqu'il entend « faire disparaître des relations commerciales la clandestinité du gage, cette cause de méfiance et d'insécurité », lorsqu'il entend supprimer « les inconvénients graves pour les tiers du secret qui enveloppe cette dation en gage ».

Le projet de loi tend à ajouter à l'art. 2075 C. civ., un paragraphe ainsi conçu : « En outre, chaque dation en nantissement d'un fonds de commerce devra, à peine de nullité, recevoir mention sur le registre public tenu à cet effet au greffe du tribunal de commerce du domicile du cédé (1) ».

Quels avantages peuvent bien résulter de ce nouveau texte de loi ?

La clandestinité du privilège était une des objections que nous avons relevées contre le nantissement. La disposition projetée supprime cet inconvénient. Mais tous les autres subsistent, et la question ne change pas. L'amélioration qu'on attend de cette nouvelle formalité n'est qu'une illusion.

Après comme avant, il n'en reste pas moins vrai que le créancier n'est pas nanti du gage parce qu'il ne peut pas l'être, qu'il dépend

---

(1) On a fait remarquer que cette disposition devait plutôt trouver place à l'art. 92 C. comm. Il nous importe peu qu'on lui assigne une place avant ou après l'art. 2075 C. civ., avant ou après l'art. 92 C. comm. Il nous importe peu qu'on l'imprime dans un Code ou dans un autre, ou même pas du tout. Quelques lignes de plus ou de moins ne changeront rien à la situation.

de son débiteur de l'en priver, et que la prétendue garantie qu'on lui confère n'est, à la vérité, qu'un fantôme.

Puis, décréter la publicité du nantissement, c'est, en réalité, décréter sa suppression. Il n'est pas douteux que les agences de renseignements établiront un service spécial à cet égard, et adresseront périodiquement à leurs abonnés une liste de tous les fonds donnés en nantissement pendant un certain laps de temps. Le commerçant qui aura eu recours à un tel moyen pour se procurer des subsides verra, dès lors, tout crédit se fermer devant lui. C'est la ruine à brève échéance.

En sorte que, dans la pratique, le nantissement disparaîtra précisément le jour où la loi aura voulu en assurer le fonctionnement. Ce n'est pas, comme on le prétend à tort, parce que l'on considérera le nantissement comme frauduleux, mais simplement parce qu'il révélera une situation embarrassée.

On nie, il est vrai, cette conséquence. MM. Magnier et Pruvost notamment, s'expriment ainsi (n. 34) : « La publicité de leur situation portera les tiers à la *prudence*. Mais le désir de faire des affaires ne poussera pas moins ces derniers à se risquer. *Ils le feront sans aucun doute* ». Voilà une bonne parole qui remplira d'espérance les commerçants en détresse. Elle n'a qu'un défaut : c'est d'être absolument contredite par les faits. On ne prête qu'aux riches, et le commerce, qui n'admet guère les questions de sentiment, ne fait pas crédit à un débiteur gêné. Cette *prudence* dont on nous parle, avec un agréable euphémisme, n'a qu'un nom : c'est *l'abstention*.

On a toujours considéré que le recours à la pratique du gage constitue un symptôme du mauvais état des affaires du débiteur. On nous dit bien (même ouvrage, n. 33) que c'est là « un ancien préjugé disparu ». Autrefois, paraît-il, l'emprunteur était considéré comme gêné. Que les temps sont changés ! Donner son mobilier en gage va devenir l'indice d'une éclatante prospérité. Les commerçants qui auront à en faire la regrettable expérience ne tarderont pas à s'apercevoir que ce « préjugé disparu » est plus vivant que jamais.

On parle de faire disparaître la fraude et d'assurer la sécurité commerciale ? on pourrait alors s'attaquer utilement aux pratiques dangereuses que l'ingéniosité inquiète des légistes crée artificiellement. Mais on préfère, pour relever le crédit, aggraver les mesures qui ont contribué à le ruiner.

C'est le propre d'un conseil de raison de n'être jamais entendu.

On va donc continuer, sous la bienveillante protection de la jurisprudence des Cours, à tarir la source du crédit, en exploitant la bonne volonté des prêteurs. Puis, quand les déboires se seront convenablement multipliés, quand l'expérience de ce singulier usage se sera suffisamment poursuivie, on finira par où l'on aurait dû commencer : on renoncera absolument à la constitution d'un nantissement sur un fonds de commerce, et cette bizarre application du gage ne présentera bientôt plus qu'un intérêt purement rétrospectif.

Imp. G. Saint-Aubin et Thevenot. — J. Thevenot, successeur, St-Dizier (Hte-Marne).

www.ingramcontent.com/pod-product-compliance
Lightning Source LLC
LaVergne TN
LVHW050351030726
842520LV00005B/2048